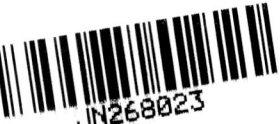

魔法のドリル

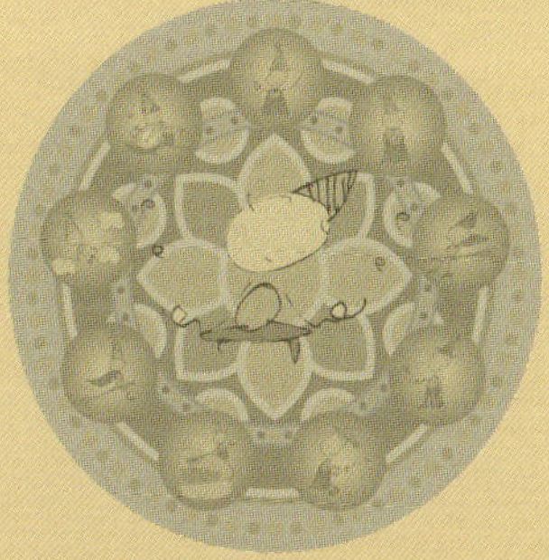

ヤマザキタクミ

気持ちよい生活を作ろうと思ったら、
済んだことをくよくよせぬこと、
めったに腹を立てぬこと、
いつも現在を楽しむこと、
とりわけ、人を憎まぬこと、
未来を神にまかせること。

ゲーテ

魔法のドリル

書き進んでいくうちに頭がスッキリする。
未来がハッキリしてくる。
ワクワクしてたまらない…。
そんな書き込み式の本があったらいいなって
思いました。

この本は一方的に読んで学ぶ本ではありません。
自分のココロの中から答えを見つけて書き込み、
すぐに実生活で活かすことができる魔法の本です。

何をするにしても、頭の中で考えるだけでは
限界があるような気がします。
でも、文字にして自分の目で見てみたら、
難解だと思っていたことが
意外と簡単に解決したりします。
もしかしたら「紙とペン」には
そういう魔力みたいなものが、
もともと備わっているのかもしれません。

さあ、
あなたの心の奥に閉じ込められた想いを
吐き出してください。

「あ～かったるい！」と思っても、
どんどん書き出してみてください。

ありきたりだと思い込んでいた自分の考えが
新鮮に見えてきたり、
今まで煮詰まっていた頭から
次々と新しい考えが噴き出してくるはずです。

takumi yamazaki

チチンプイ魔法学校へようこそ。

この本の特色

❶ あなたが意欲を持って学習に取り組めるよう、
工夫をこらして作った、魔法５教科の精選ドリルです。

❷ 魔法使いが修得しなければならない、
基礎、基本となる大事な学習内容と考え方を取り入れ、
かつ高い応用性を加えたのがこのドリルの特徴です。

❸ 実際のテストのように書き込み式になっていますが、
あまり深く考え込まず、気楽に答えていってください。

❹ 右ページの解説はやさしくて親切。
答えに詰まってしまったときは、先に解説を読んでみましょう。

❺ 全課程を修了することによって、
あなたも仕事＆プライベートの魔法使いに。
日常の悩みや問題をサクサク乗り越えられるように
なっていることでしょう。

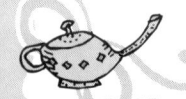

力のつく流れ

Step 1 ～基礎魔法～

「あなたの本当の目標」とは一体なんなのか？
ここでは目標を設定し、達成するための大まかな流れを学習します。

Step 2 ～個人魔法～

目標に向かう前に準備しておきたいのがココロの持続力。
ここではココロから元気を引き出す魔法を学習します。

Step 3 ～実践魔法～

目標に向かって実際に動き出してみると、突如として現れる悩みや疑問。
ここでは行動をスムーズにするための魔法を学習します。

Step 4 ～対人魔法～

目標に向かう途中で欠かせないのが、多くの友だちや協力者。
ここでは人間関係を快適にし、広げていくための魔法を学習します。

Step 5 ～課外授業～

せっかく目標を達成しても、生活にゆとりがなかったら本末転倒です。
ここではココロを豊かにしていくための魔法を学習します。

効果の上がる使い方

♪ スケジュール帳と併用！

自分にとって重要となるポイント、予定などは今使っているスケジュール帳に書き込もう。

♪ 何度も読み返す！

ビジネス＆プライベートの本番に備えて、心に残った部分は何度も読み返そう。

♪ 友だちと一緒に挑戦！

書き終えたあとに感想を言い合うと効果倍増。
友だちと一緒に『魔法のドリル』をやってみよう。

魔法のドリル＊目次＊

基礎魔法

個人魔法

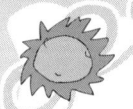

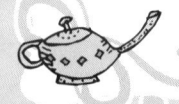

実践魔法

対人魔法

課外授業

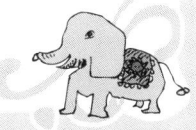

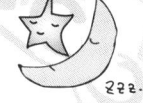

基礎魔法

人生は神の手によって書かれたおとぎ話である。

~アンデルセン

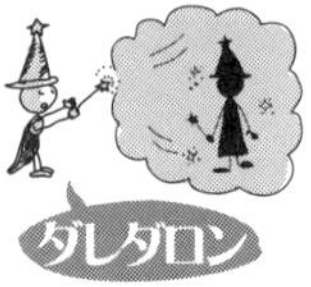

MAGIC 01
あなたがくっきり見える魔法

Q. あなたを因数分解しよう。

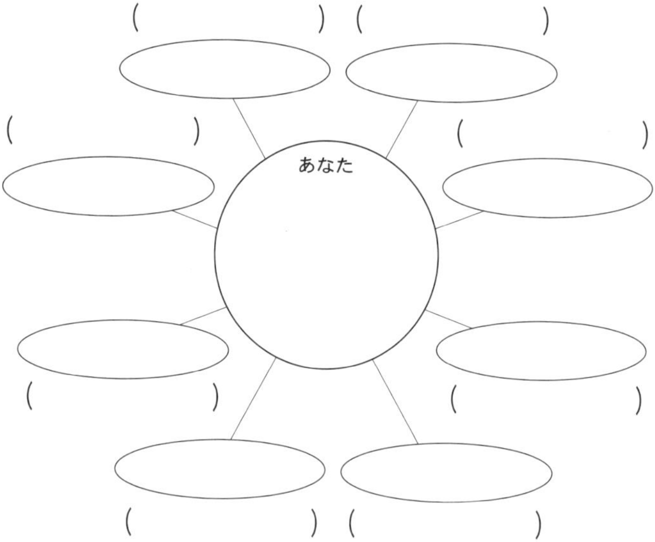

ヒント

中心の円の中に「あなたの名前」、カッコの中にあなたが所属している「グループの名前」、周りの小さい円の中にグループの中での「あなたの役割」を書きましょう。

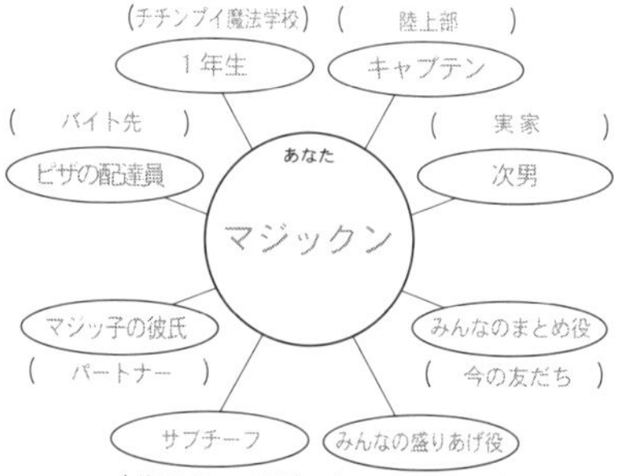

「あなたはいったい誰なのか？」を知ること。
それが魔法使いになるための最初のレッスンです。

あなたは左の空欄を埋めることによって、
自分がいくつかのグループに属し、
いろんな役割を持ち、それぞれ特有の人間関係を
持っていることに気づいたと思います。

「職場の中でのあなた」＝主任
「パートナーにとってのあなた」＝妻
「子どもにとってのあなた」＝母
「実家に帰ったときのあなた」＝長女
「クラブ活動の中でのあなた」＝副キャプテン
「友だちにとってのあなた」＝みんなに頼られるアネゴ的存在

“あなた”という一個人の中には、
複数の人間が同居しているんですね。

ここでは自分を因数分解し、
それぞれどんな状況に置かれているかを分析しました。
これで「自分は誰か？」が少しずつ見えてきたはずです。

さあ、あなたはどの「自分」が好きですか？

自分を知ることは、
パワフルな行為だ！

MAGIC 02

あなたの「いいトコロ」を育てる魔法

Q. あなたのいいトコロを書こう。

❀ あなたの「いいトコロ」	❀ それをどう役立てているか？	❀ それによって何が手に入ったか？
<例 1> 明るい。	いつでも周囲が明るくなるように振舞っている。	多方面に友だちができた。
<例 2> 手先が器用。	子どもたちにプラモデルを作ってあげている。	子どもたちの人気者。

すべての物事には「陽の面」と「陰の面」があります。
そしてそのどちらを意識するかによって、
あなたと、あなたを囲む世界の見え方は変わります。

仕事、勉強、対人関係、容姿、人間性、家族…。
どこに目を向けようと、「陽の面」は必ず存在するんです。
さあ、あなたはどんなことが書けたでしょうか？

悩みがあってもすぐに忘れる。
ルックスに自信がある。
走るのが速い。
いつも笑顔を絶やさない。
手先が器用。
人の話をよく聞く。
几帳面《きちょうめん》。
いつも新鮮な情報を持っている。
細やかな気配りができる。
個性的で目立っている。
暗算が速い。
声がハキハキしている、などなど…。

あなたがあなたのプロデューサーです。
まず、自分の「いいトコロ」を自分で把握しましょう！

みんなはあなたを待っている！

MAGIC 03

夢があふれる魔法

Q. 夢を100個書こう。

001	002	003	004	005	006	007	008
009	010	011	012	013	014	015	016
017	018	019	020	021	022	023	024
025	026	027	028	029	030	031	032
033	034	035	036	037	038	039	040
041	042	043	044	045	046	047	048
049	050	051	052	053	054	055	056
057	058	059	060	061	062	063	064
065	066	067	068	069	070	071	072
073	074	075	076	077	078	079	080
081	082	083	084	085	086	087	088
089	090	091	092	093	094	095	096
097	098	099	100				

<例> ＣＤデビューする！	マーチンのギターを手に入れる！	世界中を旅する。	五ヶ国語を習得する！

ヒント やりたいこと、欲しいモノ、なりたいモノ、なんでもＯＫ！

夢を書いてみましょう！

100個の夢を！

大きなモノから小さなモノまで。

モノからモノじゃないことまで。

高いモノから安いモノまで。

お金で買えるモノからお金じゃ買えないモノまで。

近い未来から遠い未来まで。

「本当に夢が叶ったときの自分」をイメージしながら、

ひとつひとつ親しみを持ちながら書き出してみてください。

あきらめずに100個ひねり出すことが大切です。

そうすることで、ふだん使っていなかった脳の回路に、

血が通い始めるのです。

100個書き上げたあとも、ときどきこのページを開いて

ぼんやり眺める癖をつけましょう。

たったそれだけのことで、無意識は夢への糸口を探し始めます。

夢は文字にした瞬間から
あなたに吸い寄せられてくるのです

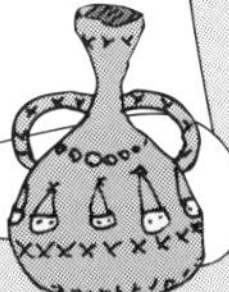

MAGIC 04

あなたの芸風をハッキリさせる魔法

Q. あなたの役割に優先順位をつけよう。

01.
02.
03.
04.
05.
06.
07.
08.

ヒント

「MAGIC 01 ダレダロン」で書き出した役割を、
自分にとって大切だと思う順番に並べてみよう！

あなたは、あなたが生きる世界の中でいくつかの役割を持っています。
そして役割のひとつひとつに、それぞれの未来があります。
どの役割も大切です。

しかし、すべてを一度にこなそうとしても、
気持ちが焦るばかりで、なかなかうまくいきません。
振り返ってみると、何も出来上がっていない。
がんばっているけど結果が出ない。
忙しいけどちっとも前に進まない。

それはあなたの芸風がハッキリしていないからです。

会社にいるあなた。恋人といるあなた。友だちと遊んでいるあなた…。
自分が今持っているすべての役割に、優先順位をつけてみてください。
この優先順位こそが、あなたに芸風を与えてくれます。

そしてその芸風を意識しながら毎日を過ごしてみてください。

優先順位は芸風だ！

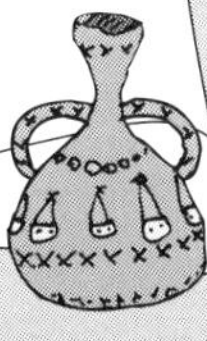

MAGIC 05

未来にドキドキする魔法

Q. 今から30年先までの未来を書こう。

	西暦	年令	あなたは何をしている？	大切な人の年令
1年後				
2年後				
3年後				
4年後				
5年後				
6年後				
7年後				
8年後				
9年後				
10年後				
11年後				
12年後				
13年後				
14年後				
15年後				
16年後				
17年後				
18年後				
19年後				
20年後				
21年後				
22年後				
23年後				
24年後				
25年後				
26年後				
27年後				
28年後				
29年後				
30年後				

ヒント

「大切な人の年令」のところには、両親、子ども、恋人など、
あなたにとって大切な人がその年に何才になっているかを書こう。

あなたの「今からの30年」をデザインしてみましょう！

「未来の自分年表」を書いたことで、
沢山のことに気づいていただけたと思います。

30年って長そうに見えて、実は意外と短いこと。
今をどう生きるかによって未来が確実に変わっていくこと。
年表に年令を書き入れることで、
数年後の自分に対する曖昧な感覚がリアルに感じられること。
何年か後には、憧れている先輩の今の年令に自分が達すること。
そして、すべてのモノには終わりがあるということ。

どれも当り前のことですが、
実際に書いてみると、リアルに迫ってくるものがあります。
いろんな決意やアイディアも生まれてくるはずです。

さて、あなたの体力や価値観、仕事のスタンスなどは
数年後、どんな風に変わっているのでしょうか。

眺めているだけで、「やりたいこと」や「やるべきこと」が
あふれ出し、ワクワクしてきませんか？

人生をデザインする！

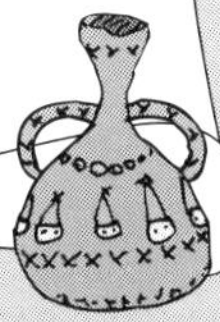

MAGIC 06

未来にもっとドキドキする魔法

Q. 今から５年先までの未来を書こう。

	西暦 年齢	Do！① 夢みたいな目標	Do！② できれば達成したい目標	Do！③ 最低限達成したい目標
1 年後				
2 年後				
3 年後				
4 年後				
5 年後				

ヒント

夢みたいな目標…ミリオンセラー！
できれば達成したい目標…音楽で食べていく！
最低限達成したい目標…CDデビュー！

これは未来へのビジョンに、具体性を加える魔法です。

５年後のあなたは何才になりますか？
５年後と言っても決して遠い未来ではありませんね。

何を変えようとしていますか？
何を望んでいますか？
それはあなたの人生にどんな影響を与えてくれますか？
何も行動を起こさなかったらどんな自分でしょうか？

さあ、５年後の自分から今に向けて逆算していきましょう！
５年間計画通りに動けば、誰でも大きな変化を起こすことができます。

１年のうちに、最低ひとつは目標を達成したい。
その気持ちで動いてください。

ひとつの目標に向かう途中で、夢がどんどん連鎖し、
複数の夢が叶えられていくでしょう。

夢は連鎖する！

ネンピョン3

MAGIC 07

未来にかなりドキドキする魔法

Q. 今から２年先までの24ヶ月を書こう。

	月	何をする？
1ヶ月後		
2ヶ月後		
3ヶ月後		
4ヶ月後		
5ヶ月後		
6ヶ月後		
7ヶ月後		
8ヶ月後		
9ヶ月後		
10ヶ月後		
11ヶ月後		
12ヶ月後		
13ヶ月後		
14ヶ月後		
15ヶ月後		
16ヶ月後		
17ヶ月後		
18ヶ月後		
19ヶ月後		
20ヶ月後		
21ヶ月後		
22ヶ月後		
23ヶ月後		
24ヶ月後		

かなり計画的になってきましたね。

もう、未来が変わり始めています。

意識の手を未来にスッと伸ばすと、２年後の自分に触れられる。

そんな感じ。

「なりたい自分を想像する」という行為はすっごく気持ちいいことです！

「今日」と「24ヶ月後の未来」は、一本の線で確実につながっています。

あなたの「24ヶ月後の未来」を作っているのは、

「今日のあなた」なんです。

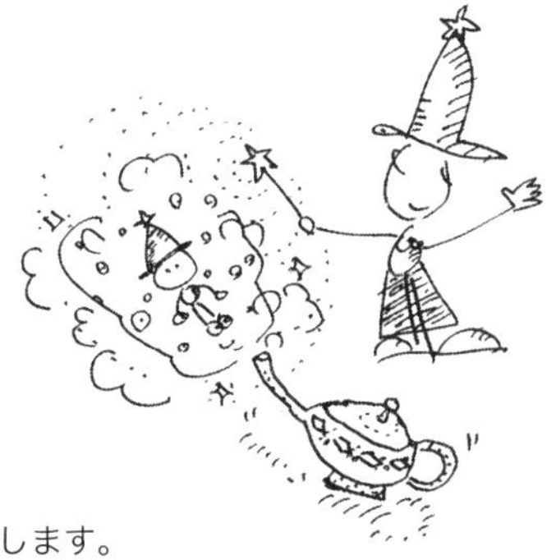

「結果」には「原因」が必ず存在します。

「結果」を決めて、あとはその「原因」を作っていくだけなのです！

さあ「２年後の自分」のために

「１ヶ月ごとの自分」は何をやっていけばいいでしょうか？

それをハッキリさせることで、

夢は24倍のリアリティを持ち始めます。

24倍のリアリティ！

MAGIC 08

障害物を消す魔法

Q. 夢を実現していく過程で、ぶつかりそうな障害物を書き出そう。

障害物	どうしたら消えるか？
＜例＞お金が足りない。	空いた時間を利用してバイトする。
＜例＞親が猛反対している。	○○さんに会って相談してみる。

ヒント

解決法がわからない場合は、
「どうしたら解決法が見つかるか？」
を書き込もう。

自分の未来を描いた。
そこにいたるプロセスも書いた。
胸がドキドキしてきた！
それは「夢の実現」が「予定レベル」になってきたからです。
一方で、いくつかの問題点も明らかになってきました。

お金がない…
時間がない…
やり方がわからない…

「問題点を明らかにしていくこと」はとても大切なことです。
明らかにした時点で「夢」は半分、実現したことになります。

Welcome troubles！
困難よ来たれ！　私を強くするから！

障害物を書き出すことで、
「自分は何をすればいいのか？」がハッキリします。
これらを乗り越えることで夢が叶うわけです。
また、あなた自身も成長します。
だから障害物の存在に気づいたら、
ココロの中で「ありがとう」と呟くくらいの気持ちで。
実際に動き出してみたら「案外たいしたことないじゃん！」
なんてこともけっこうあります。

障害物にありがとう！

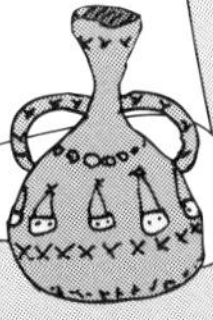

MAGIC 09

まずするべきことがわかる魔法

Q.「やろう！」と「やらなきゃ！」を、4つのタイプにふり分けよう。

緊急 かつ 重要	緊急 だけど 重要 じゃない
重要 だけど 緊急 じゃない	緊急 でも 重要 でもない

「同じようにがんばっているのに、なぜあの人はうまくいくの？」

それには訳があります。
平等に与えられた１日24時間を何に使うか…。
そのセンスの差が結果の差となっていきます。
時間は効果的に、「本当にやるべきこと」に使う！

では「本当にやるべきこと」とは何でしょう？

ここでは「緊急」と「重要」という２つの言葉を使って、
「やるべきこと」を４つのグループに分けていただきました。

中でも一番大切なのは、もちろん「緊急かつ重要」のグループです。
該当することをすぐあなたのスケジュール帳に書き込んでください。
（もし今日のことだったらこの本を置いて早く動いて！）

では「緊急だけど重要じゃない」と「重要だけど緊急じゃない」、
どっちが大切でしょうか？

答えは「重要だけど緊急じゃない」です。
このグループこそが未来を大きく左右するグループ。
「重要だけど緊急じゃない」ことを意識的に優先していけば、
未来のあなたをうまく演出していくことができます。

反対に「緊急だけど重要じゃない」ことばかりに気をとられていると、
がんばっているのになかなか結果が出ない、なんてことになります。

今日のあなたが
未来のあなたを創っています！

MAGIC 10

未来に素敵を予約する魔法

Q. 明日のスケジュールを書いてみよう。

__月__日

■
■
■
■
■
■
■
■
■
■

to do

□
□
□
□
□
□
□
□
□
□
□
□

__月__日

■ meeting
■
■
■ 電話の時間
■
■
■ Aさんと会う
■
■
■

日間スケジュール

to do

■ 書類の整理をする
□ Zさんに電話を！
□ 美容室の予約！
□ 靴を磨く！
□
□
□
□
□
□
□
□

やることリスト
（終わったら
チェック！）

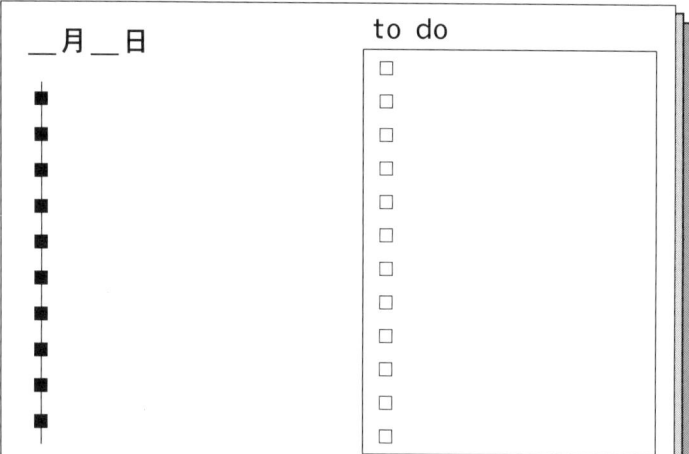

素敵な１日はデザインできましたか？

世の中には「忙しい！　忙しい！」と言いながら
ちっとも前進しない人がいます。
逆に、ひとつひとつの時間をゆったりと過ごしながら、
実はたくさんの仕事をこなしている人もいます。

目標をかかげ、計画を立て、行動にうつす。
これはとっても大事なことですが、その流れにのみ込まれ、
生活を窮屈なものにしてしまったら本末転倒です。
基本は毎日を楽しむ！
ゆとりを持つ！

ポイントは「やるべきこと」を整理して、
ダンドリをつけることです。
デザインされた時間にはオーラが加わります。

さあ、書き出そう！
今日、あなたの夢のために何ができる？
欲張っちゃダメだ。
逃げてもダメ。

「やるべきこと」＆「やりたいこと」に、いつ、どの時間を使う？
決まったら書き込む。
未来に「素敵」をドンドン予約していってください。
後は「その時」がきたときに行動するだけです。

デザインされた時間には
オーラが加わります

個人魔法

自分にできる限度をほんの少し越えたことを、
毎日ひとつ実行せよ。

～ローウェル・トマス

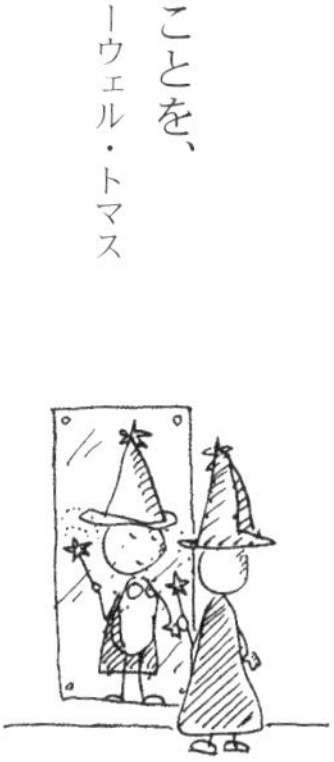

MAGIC 11

パワーがあふれる魔法

Q. 今まで生きてきた中で一番がんばったことをリアルに書こう。

ヒント

それはいつ？　どこで？　何が？
どうしたの？　どんな気持ちだった？
何のおかげ？…

あなたのこれまでの人生で…

一番がんばったこと、
一番うまくいったこと、
一番嬉しかったことをリアルに思い出してみてください。

それを誰かに話して聞かせたり、文章にまとめたりするだけで、
「あの日の興奮」が蘇ってきます。

そのときの精神状態には不思議な力があります。
「あの日の興奮」をいつでも呼び起こすことができれば、
なにをするにしても、フットワークが軽くなり、
物事はうまく運びます。

そこで「あの日の興奮」をシンボル化しましょう！
努力が実り、自分の胸の中から湧き上がってくる感動…。

嬉しかったときの気持ちをポーズで表すと、どんなポーズですか？
そのポーズが、あなたの決めポーズ。
これで「あの日の興奮」は自由自在に呼び出せます。
何かに困ったとき、勝負をかけたいとき、がんばりたいとき、
決めポーズを使って、不思議な力を呼び起こしてください。

あなたには、
不思議な力があるんです

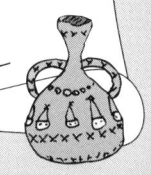

MAGIC 12

タイムスリップの魔法

Q. 人生の再出発点を書こう。

もしも過去に戻れるとしたら…？

いつ？

何をしたい？

「もしもあの頃に戻れたら…」

もっと真剣に取り組んだのに。
もっと大切に時間を過ごしたのに。
もっと考えて行動を起こしたのに。

…なんて悔やんでいませんか？

でもこう考えてみることもできます。
今のあなたは「未来のあなた」から見れば「過去のあなた」。
「１年前に戻れたならば…」とボヤいているあなたの声を聞きつけ、
神様が「未来のあなた」を「今」にタイムスリップさせてくれた…。

想像してください。
「１年後のあなた」が隣に立っているとしましょう。
「今のあなた」を見て「１年後のあなた」は
微笑んでいますか？　それとも悲しんでいますか？

未来からきたあなたへ

MAGIC 13

ちょびっと変身できる魔法

Q. あなたの性格の「ダメなトコロ」を書こう。

あなたの「ダメなトコロ」	どう変えたい？	変わるとどんないいことがある？	変えるためにはどうする？
＜例＞　ズボラ	マメになりたい	サクサク仕事ができるようになる	今できることは今やるようにする

これは自分の「ダメなトコロ」を書き出し、
どう変えるかを書き示すだけの簡単な魔法です。
しかし、パワフルな魔法で、効果は絶大です。
確実にあなたの行動へ影響を与えます。
そしてたったひとつ「ダメなトコロ」を改善するだけで
次々と連鎖していき、他の「ダメなトコロ」まで変えてくれる。
そんな二次的効果も期待できます。

もう一度、あなたの性格を分析してみましょう。
今のあなたはどんな性格？
今の性格をどんな風に変えたい？
今の性格を変えるとどんなメリットがある？
今の性格を変えるために、まず何ができる？

過去のあなたの性格が今のあなたを作り、
今のあなたの性格が未来のあなたを作っているんです。

変わってやる〜！ と思ったら
変わり始めている

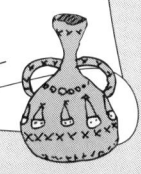

MAGIC 14

埋もれた才能を掘り出す魔法

Q. あなたに「できること」をすべて書こう。

わたしは、＿＿＿＿＿＿＿＿＿＿＿＿ができる！

ヒント どんなささいなことでもOK。
思いつくすべての「できる」ことを書き出そう！

悲しいことに私たちはときどき、
人を見た目や印象だけで判断してしまいます。

あの人はスポーツマンだから、これくらいできて当り前だろう。
あの人はブキッチョだから、これはできないだろう。
あの人は勉強好きだから、これについて知ってるはずだ。
あの人はお嬢様育ちだから、世間知らずに決まってる。

とても失礼なことだけど、
こんなふうによく人をカタにはめてしまいます。
それは「他人に対して」だけではありません。
「自分に対して」も同じことが言えます。
あなたも、あなた自身を勝手に限定しているのかもしれません。

そこであなたの「できる」をたくさん書き出してもらいました。
さあ、どんな「できる」が書けましたか？
自分でもすっかり忘れていた「できる」もあったはずです。

ギターが弾ける！
絵が描ける！
魚を三枚におろせる！
少し英語ができる！　など…。

その「できる」を、ゆっくり観察してみてください。
「○○ができる」と「□□ができる」が結びついて、
新しい「できる」が見つかるかもしれません。

あなたの中にある
宝に触れよ！

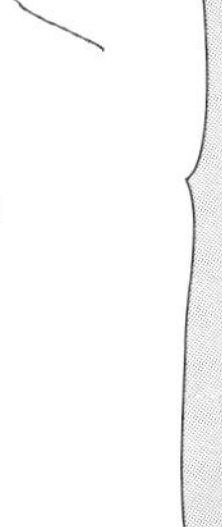

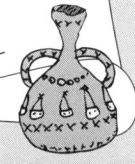

MAGIC 15

ラッキーアイテムを見つける魔法

Q. 今好きなモノ、昔好きだったモノを書こう。

今好きなモノ

昔好きだったモノ

ヒント CD、映画、本、小物
ファッションなどなど…。

「今、好きなモノ」を書き出すと、ワクワクします。
「昔、好きだったモノ」を書き出すと、
ちょっと照れくさいけど、やっぱりワクワクします。
僕が昔好きだった歌手は、
「長渕剛」とか「森田童子」なんですが、
今あらためて聴くと、やっぱりいいものです。
「あの頃の自分」の「あの頃のエネルギー」が蘇るようです。

今も昔も、好きなモノは好き。
見たり、聞いたり、触れたりするだけで、
ドンドン元気になる！
楽しくなってくる！

でも気づいてみると、いつの間にかこだわりが失われ、
「どうでもいいモノ」に囲まれていることがあります。

テンションが低くなると、そういう傾向が現れます。
心当たりのある人は、身の周りの「どうでもいいモノ」を
見つけ出し、撤去してください。
自分でも気づかないうちに、そこから元気を奪われてしまうんです。

自分の周りを、しっかり好きなモノで固めましょう！
好きなモノをどんどん追求してください。
時間を割くほど、気持ちを入れるほど、
好きなモノは次々と「新しい好きなモノ」を連れてきますよ。

大好きなものに
囲まれて生きなさい！

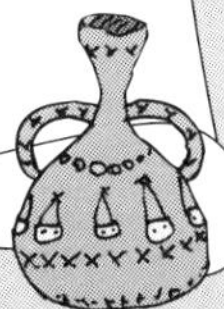

MAGIC 16

ココロを明るく照らす魔法

Q. そのことがあって「よかった」と思える、過去の失敗を書こう。

そのことがあって「よかった」 と思える失敗・苦労	今はどんなふうに 良くなったか？	その変化の中で 学んだこと

過去に起きた、絶望的な出来事。
それが時間の経過の中で熟していき、
あとになって考えたら、今日の「ラッキー！」につながっている。
そんな経験は、誰にでも思い当たるはずです。

今「ラッキー！」だらけの人は、
かつての「ガッカリ…」が、芽を吹き出し始めているのです。

今「ガッカリ…」だらけの人は、
近い未来に「ラッキー！」の嵐が巻き起こるのです。

今「ラッキー！」がない人は、
過去に大した「ガッカリ…」がなかったんです。

目の前の「ガッカリ…」と仲良くなる！
「ガッカリ…」から逃げないでください。
今起きている「ガッカリ…」を
温かい気持ちで受け入れられるようになったら、
あなたは、この魔法を習得したことになります。

あの日の「ガッカリ…」は
今日の「ラッキー！」

ワクナシ

MAGIC 17

ワクを外す魔法

Q. 束縛から解放されたあなたを書こう。

あなたを束縛しているものは何？

その束縛から解放されたら何をする？

あなたの生活、あなたの生き方、
あなたの人生を束縛しているものは何？
もしその束縛がなくなったら、何をする？

それを書き出していくことで、
ココロがだんだん解放されていくことに気づいたはずです。

社会で生きているすべての人は、なんらかの束縛を受けています。
そしてその束縛によって、あらゆる行動を制限されています。

でも、その「束縛」は本当に存在するんでしょうか？
あなたが「束縛」と思っていることが、
本当にあなたの行動を制限しているのでしょうか？

昔、こんな話を聞いたことがあります。
小さな象をつないでおくための杭と、
大きな象をつないでおくための杭は、まったく同じ杭だそうです。
子どもの頃に「逃げようとしても無理だ」と思い知らされるので、
大人になったら「逃げようともしない」状態になるのだそうです。
できないと思っているから、力があるのにやろうともしない。
すでに過去のものとなった束縛が、
記憶となって根深く残っているんですね。

あなたの「束縛」はどうでしょうか？
それは、あなたの可能性を奪うほどの「束縛」でしょうか？
解き放たれた気持ちのまま、
もう一度よく「束縛しているものは何？」を眺めてください。

あなたはもうすでに
自由なんだよ！

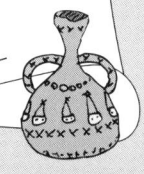

MAGIC 18

憧れの人から力をもらう魔法

Q. あなたの「憧れの人」のことを書こう。

あなたの憧れの人	その人のどんな点に憧れる？

あなたが憧れる人の名前がズラッと並びました。
それだけで、凄いエネルギーが湧き出ています。

憧れのパワーは絶大です。
その人のどこに憧れますか？
その人のどの部分をあなたは真似ることができますか？
その人になりきることで能力までがあなたに降りてきます。

ファッション、話し方、しぐさ、考え方…。
ドンドン真似ていきましょう！
オリジナリティは、いつでも真似から生まれます。

真似て、学んで、越えていく！

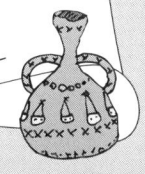

MAGIC 19

言葉から力をもらう魔法

Q. あなたにとっての「名言」を集めよう。

ヒント

本、映画、尊敬する人などから、
あなたに影響を与えた名言を集めよう！
カッコの中には人名を書こう。

大きな勇気をくれる言葉。

悩みを断ち切ってくれる言葉。

気分を向上させてくれる言葉。

目を醒ましてくれる言葉。

ココロを穏やかにしてくれる言葉。

やる気を起こしてくれる言葉。

世の中には素敵な言葉が星のようにあふれています。

その言葉の存在に気づいたら、

一瞬立ち止まって手を伸ばし、そっと拾い上げてください。

ふとしたときに再びこのページを開くことで、

みるみるチカラがみなぎってくるはずです。

書き集めた言葉たちがあなたを励まし、

忘れていたことを思い出させてくれるでしょう。

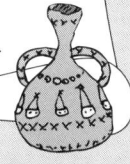

素敵な言葉には
妖精が住んでいる！

MAGIC 20

言葉を味方につける魔法

Q. あなたの「悪い口癖」を書こう。

悪い口癖	変えるとしたら？
→	
→	
→	
→	
→	

ヒント

つい口にしてしまう悪い口癖、
直したいと思っている口癖を書き出し、
言い変えるとしたら
どんな口癖になるか考えよう。

「できない」は「やってみる！」
「イヤ～！」は「いいね！」
「ダメだ！」は「大丈夫！」

普段つい口にしてしまう
「悪い口癖」を変えると流れが変わる。
周りの見え方も、
周りがあなたを見る目も、今までと変わってくる。

「こんなに影響が出るもんなんだ？」って
あなたが目を真ん丸にして驚いている姿が想像できます。

「癖」とは「無意識」がさせている行為。
その「無意識」を意識すれば魔法が使えます。

悪い口癖が出そうになったら、
それをいったん飲み込んで、良い口癖に直してください。

口癖を変えたら生き方が変わる！

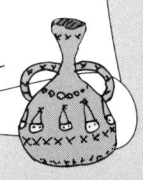

MAGIC 21

あなた自身を感じる魔法

Q. このページを「ス〜」と「ハ〜」で埋めよう。

ヒント

自分の呼吸に合わせて「ス〜」と「ハ〜」を書いていこう。字の大きさやペースは自由！

ス〜ハ〜

ス〜ハ〜

ス〜ハ〜

左のページを見てください。
気持ちのいいページになりましたね。
自分の呼吸を感じるとき…
僕たちは「今に存在する」状態になります。

思考はいつも未来へ、過去へと大忙しです。
僕たちは意味あるものだけに
フォーカスし過ぎているのかもしれません。
起きてくるプロセスに身をまかせ、意味をあえて考えず…。
頭の中のことは少し隣に置いて、自分の呼吸に意識を向けてみましょう。

ス〜ハ〜

ス〜ハ〜

ス〜ハ〜

呼吸と共にいる、あるがままの状態を体験してみてください。
一回、一回の呼吸を意識してみましょう。
呼吸を感じる、あるがままに感じる…。

「今」を感じる！

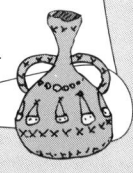

実践魔法

大仕事を先にやることだ。小仕事はひとりでに片がつく。

~デール・カーネギー

MAGIC 22

重い腰が持ち上がる魔法

**Q.「いま何するか？」を書こう。
そしてこの本をいったん閉じ、
すぐに動き出そう。**

さあ、いま何をする？

動いてみる。

動いてみてどうだった？（簡単にレポート！）

物事は始めないと始まらない。
今できることは何？
それを見つけてやってみましょう。

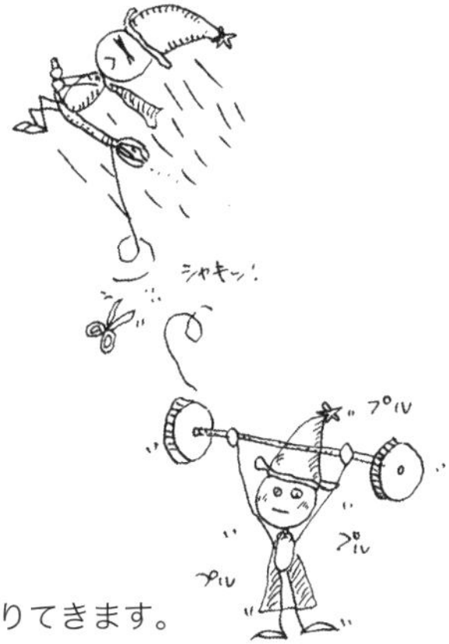

「ピッ！」とインスピレーションが降りてきます。
「パッ！」とそれを行動にうつしていく…。
ピッときたらパッです。
それを「ピッパの法則」と僕は呼んでいます。

「やる時はやる！」よりも「この時間をどう使うか？」

「たっぷり時間が取れるとき」まで先延ばししてはいけません。
空いた時間に「何かする」ことが、目標を早く達成するコツ。
ひとつでは使いモノにならない断片を、
ちょっとずつ組み合わせることによって、
価値のある作品が完成するんです。
これは時間のパッチワークです。

さあ、あなたの情熱の糸を使って、
端切れの時間をうまく縫い合わせてください。

ピッパの法則！

MAGIC 23

複数の悩みを解決する魔法

Q. あなたの悩みを、解決法が「ハッキリしているもの」と「ハッキリしていないもの」とに書き分けよう。

解決法がハッキリしている悩み		解決法
□	→	□
□		□
□		□
□		□
□		□

解決法がハッキリしていない悩み		解決予定日または相談相手
□	→	□
□		□
□		□
□		□
□		□

ヒント

解決法がわかる場合はその内容を書く。
今のところまだ解決法がわからない場合は、
いつわかるかその日付を書く。
まったく解決法がわからない場合は、
わかりそうな相談相手の名前を書く。

「大変なんです、悩みが多くて…」とショゲている人がいる。
どんな悩みがあるの？　って訊ねると、
「えっと…なんだっけ？」
こういう人は、「悩み」それ自体に悩んでいるのではありません。
複数の悩みが同時にやってきて、混乱しているだけなのです。

悩みが多いことは別に問題ではなく、
それらを頭の中で解決しようとしていることが問題です。

秘訣は紙に書き出してみること。
自分がどんな悩みを抱えているのかを把握することです。

解決法が「ハッキリしていること」は、ただ行動にうつすだけです。
サクサク行動していってください。

問題は「ハッキリしていないこと」ですね。
「ハッキリしていないこと」は…
どうすればハッキリするか？　いつになったらハッキリするか？
誰に聞いたらハッキリするか？　をハッキリさせましょう。

それをスケジュール帳に書き込み、
あとはきれいサッパリ忘れてしまうこと！

一見複雑な悩みも、
解決できるサイズに解体していくことで
意外とあっさり解決の糸口がつかめます。

焦らず、慌てず、苛立たず…
こんがらがったヘッドフォンのコードをほどくような感じですね。

対処法をスケジュール帳に書き込んだら忘れなさい！

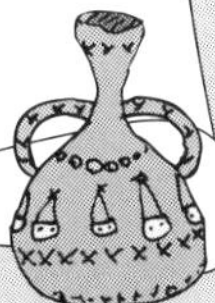

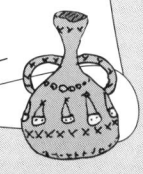

MAGIC 24

転機をつかむ魔法

Q. あなたが「やり遂げたこと」「あきらめたこと」を書こう。

やり遂げたこと

なぜやる気が続いたか？

あきらめたこと

なぜやる気をなくしたか？

ヒント

仕事、スポーツ、勉強など
あらゆる面で考えてみよう。

左のページを見て何かに気づきませんか？
「やる気になった理由」と「やる気をなくした理由」は、
ときとして同じだったりします。

「時間がないから」諦める人もいれば、
それが理由で燃える人もいます。
「お金がないから」投げ出す人、
それがキッカケで新しいアイディアに気づく人。
「仲間が賛同してくれない」ことでめげる人、
賛同者が出ないことで奮起する人。

起きている出来事ではなく、
それをどう捉えるかによって人生は大きく変わります。

時間、金銭、人材などの制約…
制約がないときにうまくいくのではなく、
制約があるからこそ物事は実現するのです。

制約は創造の母体です

MAGIC 25

エネルギーを手に入れる魔法

Q. 身の周りにいる「エネルギーが高い人」を書こう。

1	2

3

4	5

ヒント

エネルギーを感じる人の名前を書こう。
たとえば、会うだけで元気になれる、
癒される、笑みがこぼれるような人。
「カッコよくなりたい！」
「きれいになりたい！」「仕事をがんばりたい！」
と思える人など…。

がんばるってことは「燃える」「興奮する」ことではなく、
「集中する」ことです。
集中し続けるためには常に湧き上がるようなエネルギーが必要です。

エネルギーが涸れてくると…

　やる気がなくなる。
　目の前の状況が困難に見える。
　良いアイディアが浮かばない。
　余裕がなくなる。
　楽しくなくなる。
　腹立たしくなる。
　仕事が雑になる。
　自己中心的になる。
　どうでもよくなる。

…と、あなたらしくないあなたが現れてきます。

エクササイズをやる人が、喉が渇く前に水分を摂るように、
集中力が切れる前にエネルギーをゲットしてください。
集中力が切れたときにはもう手遅れ気味…。

ではどうすればエネルギーが手に入るのでしょう？
それは「エネルギーの高い人」と会うことです。

エネルギーは高い所から、低い所に流れていく習性があるからです。

さあ～！　会いに行きましょう！

喉が涸れる前に エネルギーを！

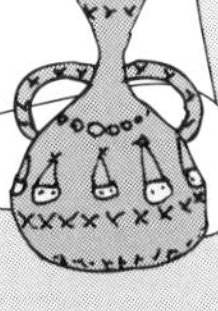

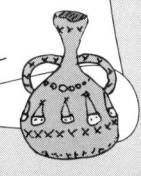

MAGIC 26

なりたい自分になる魔法

Q. あなたの「おまじない」を書こう。

[　　　　　　　　　　　　　　　　]

ヒント

【ピンとこないあなたのための、オススメおまじない集】

- 気弱な人…“一歩進むたびに、道は開けていく”
- 気が強すぎる人…“私から思いやりがあふれ出る”
- 後ろ向きな人…“私に起きることはすべてベスト”
- 流されやすい人…“私の進む道は未来への最短距離である”
- マイペースすぎる人…“ひらめきが私を導いていく”
- せっかちな人…“おだやかな私がここにいる”

「すべてはうまくいっている」

★アファーメーション…断言、確言

これは僕が長年愛用している「おまじない」です。

“人生とはみずから開いていくもの”
その哲学を信頼するアファーメーションとして、
いつでもこの言葉を心の中で唱えるようにしています。

問題にぶつかったとき、心が不安定なとき
「おまじない」は効果的です。
自分を自分らしくしてくれる言葉を
心の中にしまっておくんです。
そしていつでもどこでも何度でも、
心の中で繰り返す癖をつけましょう。

あなたにとっての「おまじない」は何ですか？
親しみを込め、大切に唱えてあげてください。

すべてはうまくいっている

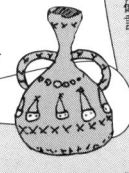

MAGIC 27

人生のメッセージを読み取る魔法

Q. 最近起きた「不思議な偶然」を書こう。

!

!

!

!

!

ヒント

こんな偶然ってありませんか？

・ある人の噂をしていたら、その人と街でバッタリ会った。

・２日連続で同じ職種の人に会った。

・急いでいるときに限って、赤信号が続く。

・友だちと同時に、同じアイディアが浮かんだ。

この世には科学では説明できない、
不思議な偶然がたくさんあります。

ふと懐かしい友だちを思い出したら、
その友だちから電話がかかってくる。
貯金の底がつきかけたときに、
思わぬ臨時収入が入ってくる。
「温泉に行きたいね！」って話していると、
TVで温泉特集が始まる。

こういう偶然は１個、１個の点として存在します。
そしてその点を１本の線でつなぐことで、
思いもよらない意味が現れることがあります。
小さな偶然だと思っていたことが、
あとになって大きな出来事に発展していくんです。

あなたの周りで起こる偶然に、
注意深く意識を向けてください。
何か気になることがあったら、
それを常識だけで判断せず、
それらの意味することを感じてみてください。
そして執着心を手放して、導かれる方へ進んでみてください。

あなたの周りで起きたすべての出来事には、
メッセージが含まれています。
それらはあなたを優しく歓迎してくれています。

不思議な偶然を味方につけよう！

MAGIC 28

やる気を維持する魔法

Q. 感謝したい人、モノを書こう。

誰に？　何に？	何を感謝する？

ヒント

誰に？　何に？…会社に。両親に。
何を感謝する…仕事を与えてくれること。自分を生み、育ててくれたこと。

有り難う御座います。

「有り難う」という言葉には、
「めったにない」という意味が込められています。
それがそうあることが奇跡のようだ。
「凄いことだ」という意味です。

しかし、何を基準に「めったにない」と捉えるのでしょう？
もしかしたら「起きているコト」より
「その基準」の方が大切なのかも知れません。

　仕事を与えてくれて「有り難う」
　雨を降らせてくれて「有り難う」
　親身に怒ってくれて「有り難う」
　電気・ガス・水道を供給してくれて「有り難う」…。

感謝することで、感謝にこたえようとする気持ちが
湧き上がり、それがやる気につながっていきます。
そして「有り難う」のキャパシティを広げるごとに、
やる気はどんどん成長していきます。
口うるさい親にも、怒りっぽい友だちにも、
愚痴っぽい会社の上司にも…。

まずは感謝から物事を始めていきましょう！

さあ、今日は誰に「有り難う！」って伝えますか？

「ありがとう」は「ひらけごま」！

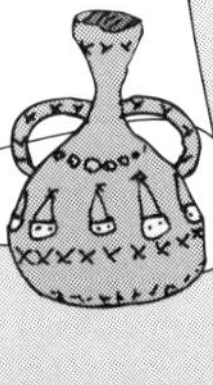

MAGIC 29

お金が集まる魔法

Q. ひと月の「収入」と「支出」を書こう。

あなたの月収の合計			
あなたの支出			
項目	金額	項目	金額
家賃			
交通費			
食費			
電話代			
電気光熱費			
交際費			
娯楽費			
保険代			
ローン			
あなたの支出の合計			

（収入の合計）－（支出の合計）＝「あなた」を表現するための予算

［　　　　］－［　　　　］＝［　　　　］

あなたにとってお金は…
「肯定的な存在」ですか？
「否定的な存在」ですか？

昔、お金を欲しがることは「卑しい」と思っていました。
「何の為に必要か？」がハッキリしていなかったからです。

お金は「人生というドラマ」を創作するための予算。

定期的に訪れてくる収入から
定期的に旅立っていく支出を引いてみてください。

(収入)－(支出) ＝「あなた」を表現するための予算。

見直してみてください。
それは適切な額でしょうか？
改善すべき点はないでしょうか？
何かを加える必要はないでしょうか？
お金と向き合うことを恐れてはいけません。

理想的な未来を望むならば、
理想的な未来を迎えるための準備が必要です。
お金もそのうちの大きな一要素なんです。

収入を増やすか、支出をおさえるか…。
もう一つ仕事を増やしてみませんか？

お金と仲良くしよう！

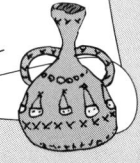

MAGIC 30

すてきな一万円の魔法

Q.「一万円のすてきな使い方」を書こう。

あなたが理想とする月収	
もしその高収入を手に入れたら、一万円をどう使う？	
パターン❶	
パターン❷	
パターン❸	
例	豪華なランチを食べてみる。 グリーン車、スーパーシートにアップグレードしてみる。 親にプレゼントを買ってみる。

学校では「お金の使い方」を教えてくれません。
同じ収入でも人によって生活や生き方がまったく違うからでしょう。
お金には効果的な使い方もあれば、意味のないお金の使い方もあります。
どうすれば素敵なお金の使い方を学ぶことができるのでしょうか？

そこでここでは「一万円のすてきな使い方」について
考えていただきました。
さて、どんな使い方が思い浮かびましたか？

「理想の収入を手に入れたあなた」になりきって
一万円の使い方を考えてみてください。
そして実際、その通りに使ってみてください。
どんな世界を経験できましたか？
そこで何を学びましたか？

実際に使ってみる！

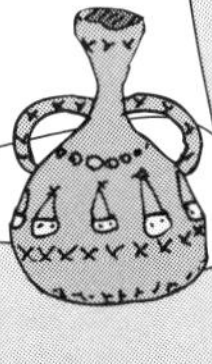

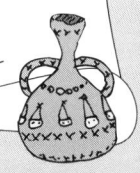

MAGIC 31

「ビジネス」がわかる魔法

Q. あなたの周りにある「困った」「不便だな」を書こう。

01.

02.

03.

04.

05.

ヒント

・近所にコンビニがない。
・使っているパソコンがすぐ壊れる。
・異性の友だちが少ない。
などなど…。

“健康的なお金”は社会貢献によって発生します。
人ができないことを肩代わりしたり、
欲しいモノやサービスを提供する。
つまり人を喜ばすことによって、お金はあなたの所に集まってきます。

ここでは「どうしたら儲かるか？」ではなく、
「人は何を求めている？」「人は何に困っている？」
にフォーカスしてみましょう。
すると「ビジネスとは何なのか？」が全然わからなかった人にも、
なんとなくアウトラインが見えてくるはずです。

さあ、あなたの周りにある
「大変だ」「面倒くさい」「困った」「不満だ」を
探してみましょう。
それらはすべてビジネスチャンスとなりうるものです。
見つけられたらすぐにでも、
自分のビジネスを始めてみてください。

身の周りの「困った」を探せ！

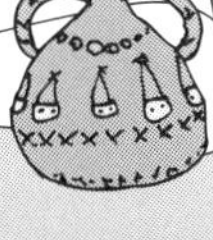

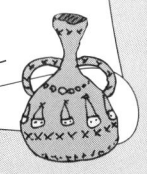

MAGIC 32

無意識にアクセスする魔法

Q. なんでもいいから、思いつくままに描こう。

あなたの心を解放してあげましょう。

１秒前のことも、１秒後のことも考えずに、
描く行為そのものを楽しんでください。
だんだんと変化していく、呼吸の感覚を楽しみながら…。

「ペンを使って何を描く？」を思考せず、
「ペンが進みたい方向」を感じてみてください。

あなたの中から何が出たがっていますか？
この瞬間にどんな出来事が起きてほしいと願っていますか？

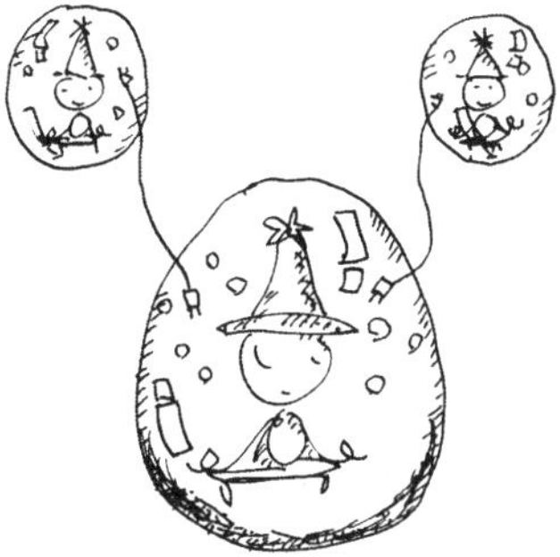

一気に描く必要はありません。
焦らず、親しみを込めて、
ペンみずからがゆっくりと滑り出していく時を待ちましょう。
自分の中から湧き上がってくる衝動に自分をまかせてみてください。

大人になるほど忘れがちですが、
“ラクガキ”はとても楽しい行為です。

上手に描く必要はない！

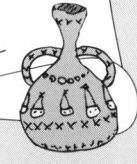

対人魔法

賢者は財宝を貯えない。
人に与えれば与えるほど、　彼の財宝は豊かになる。

～老子

MAGIC 33

「もう一度会いたくなる人」になる魔法

Q.「もう一度会いたくなる人」の特徴を書こう。

01.

02.

03.

04.

05.

ヒント

「もう一度あの人に会いたいなあ」
そう思う人ってどんな人？

もっと人間関係を広げたい…
もっと友だちを増やしたい…
もっと素敵な人脈を持ちたい…
でも、どうしたらいいんだろう？

人間関係において焦りは禁物です。
特に初対面のとき、
「相手によく思われたい」
という気持ちが激しいほど、
相手の心を遠ざけてしまいます。

大きく分けると２つのタイプがあります。
初対面なのに、語りすぎてしまう人。
初対面なので、緊張して何も話せない人。

話すこと、表現することに中毒気味のあなた…。
会話はキャッチボールです。
一方的だったら、相手に負担をかけてしまいます。

自分から話し出すことに恐怖感を持っているあなた…。
大丈夫！　あなたには素敵な聞き手になる素質があふれています。

「もう一度会いたくなる人」には、
「もう一度会いたくなる理由」がたくさん隠されています。
それを真似して、研究して、アレンジしてみてください。

焦りは禁物！

MAGIC 34

人の魅力を引き出す魔法

**Q. あなたの知人を一人あげて、
その人の魅力を書いてみよう。**

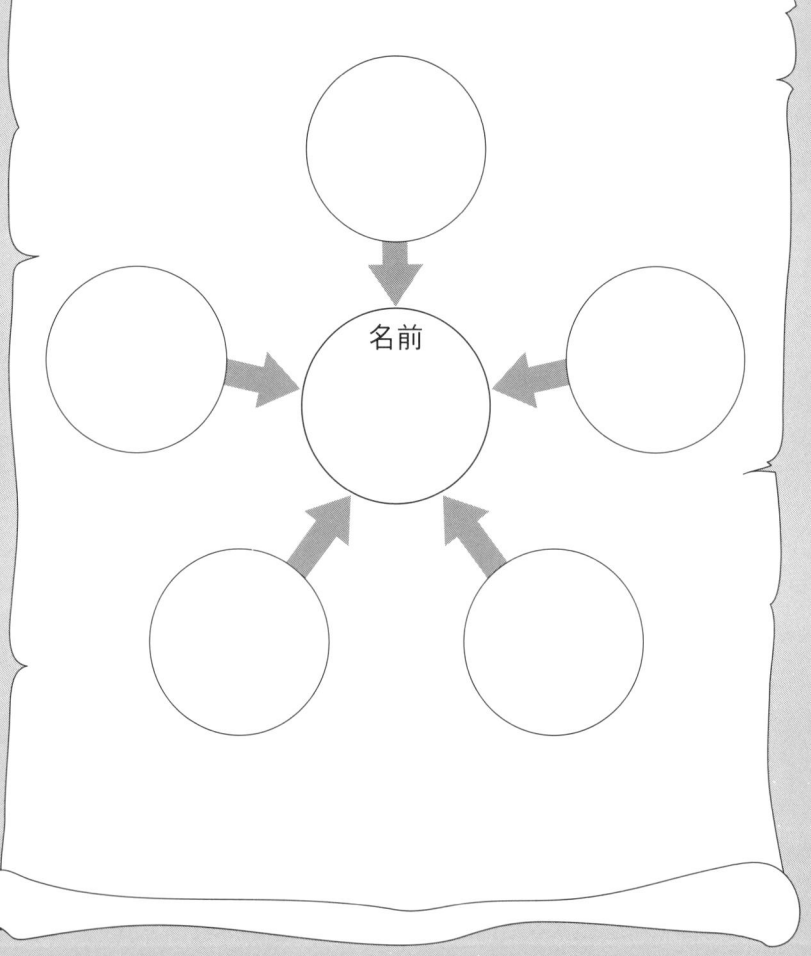

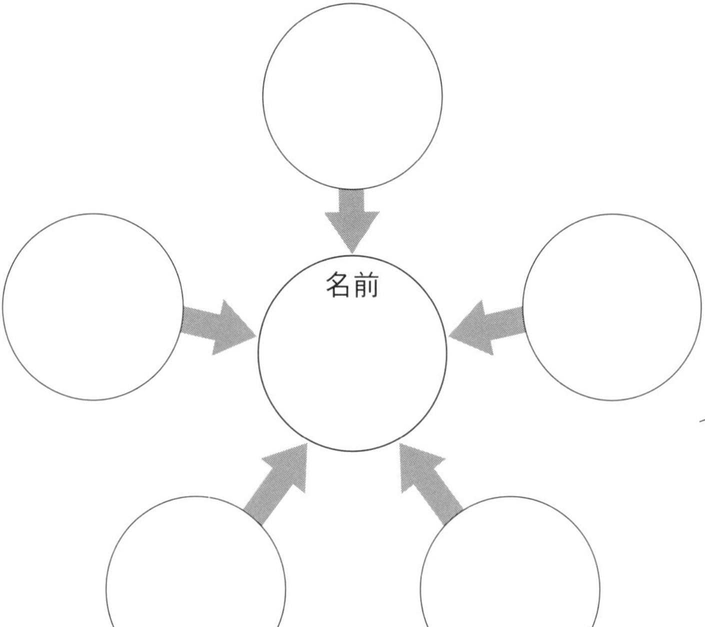

「他人の嫌なトコロ」を見つけるのは簡単です。
でも「他人のいいトコロ」を見つけるのは思ったより難しい。

書いてみたあとの感想はいかがですか？

誰もが自分の魅力を引き出してくれる人を捜しています。
そして、自分の「いいトコロ」を見つけ出し、
言葉にしてくれる人の近くにいたいものです。

ではどうやったら「他人のいいトコロ」を
うまく見つけられるんでしょうか？
それは才能ではありません。
日頃からの訓練によって身につくものなのです。

人に会うたびに、
その人の魅力を頭の中で５つ挙げるクセをつけましょう。

『明るい・思いやりがある・服のセンスがいい・英語ができる・綺麗』

そして、それをさり気なく伝えましょう！

その人の素敵を
５つ見つけるプロになろう！

MAGIC 35

下心を消す魔法

Q. あなたが見返りを求めず、
人のためにやっていることを書こう。

01.

02.

03.

誰かの役に立とう！
誰かの笑顔のためにがんばろう！
誰かを助けてあげたい！
誰かを喜ばせたい！

自分のためだけにやっていることは、
なかなかうまくいきません。
誰かのためにやっていることは、
きっとうまくいっているはずです。
打算や下心がない行動はツルツルといい結果を生んでいきます。

見返りを求めず、
すすんで他人の役に立てる人は素敵な人です。
そんなあなたを、周りの人は放っておきません。

Give and take　「与える」そして「受け取る」
…まだまだ甘い！

Give and be given　「与える」そして「与えられる」
…いいね～！

Give and give　「与える」そして「与える」
…素晴らしい！

素敵な人間関係を築きたかったら、まずあなたの下心を消しましょう。

欲しいなら与えよ。

下心がないのが下心！

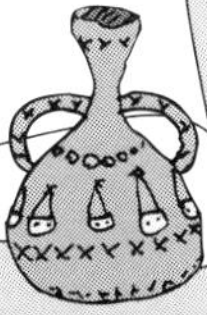

MAGIC 36

「あなた」を伝える魔法

Q. あなたの「プロフィール」を書こう。

名前			
生年月日		出身地	
プロフィール			

ヒント　巻末の著者プロフィールを参考にしよう。

あなたは自己紹介が得意ですか？
限られた時間の中で、自分を表現するのはとっても難しいこと。
自分のどこを知ってもらいたい？
強い印象を残すためにはどうしたらいい？
３秒で、１分で、10分で、１時間であなたは自分をどう表現しますか？

僕は初めて本を出したとき、初めて自分のプロフィールを書きました。
あまりにも生き方にインパクトがなく、愕然としました。
もっと沢山「やりたいことをやっていこう！」って
心に決めたことを今でも覚えています。

プロフィールを書いてみていかがでしたか？
読んだ人の心に残るような面白いプロフィールが書けたでしょうか？
書いてみたことで、沢山の感情が湧き出してきたはずです。

もっと破天荒に生きていい！
もっとやりたいことをやるべきだ！
自分で人生をデザインしましょう！

プロフィールは自分のプレゼンテーションだ！

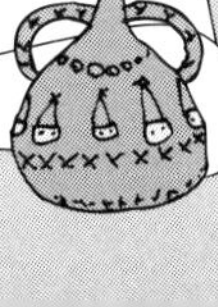

MAGIC 37

人がどんどん集まる魔法

Q. 最近の「耳寄り話」を書こう。

01.

02.

03.

ヒント

あなたが最近知った（聞いた）
耳寄り話、または「すごい！」「なるほど！」「へえ！」
と思った話を書き出そう。

会話はキャッチボール。
話して、聞いて…
聞いて、話して…
ここでは「話す」に注目してみましょう。

「へ～！」
「凄い～！」
「そうなんだ！」
「なるほど！」
「クスッ」…を引き出すエッセンスが
あなたの話の中にはどれくらい含まれているでしょうか？

相手の目がキラリと輝く瞬間を、
どれくらい見つけることができますか？
キラリがいっぱいあるとあなたの周りに人が沢山集まってきます。

相手にとって耳寄りな話、
相手が思わず頷いてしまう話、
目を丸くして驚く話、
笑顔をこぼす話…。

「へー」「凄い」と思う話と出会ったら、いつでもメモを取る習慣を。
あなたのお話ライブラリーが充実していきます。

相手の目は輝いていますか？

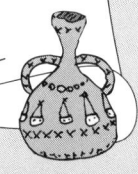

MAGIC 38

人の輪を広げる魔法

Q. 紹介したい人同士を線で結ぼう。

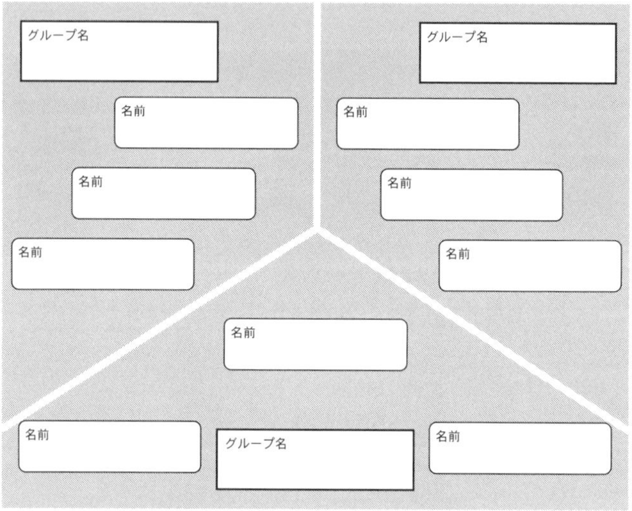

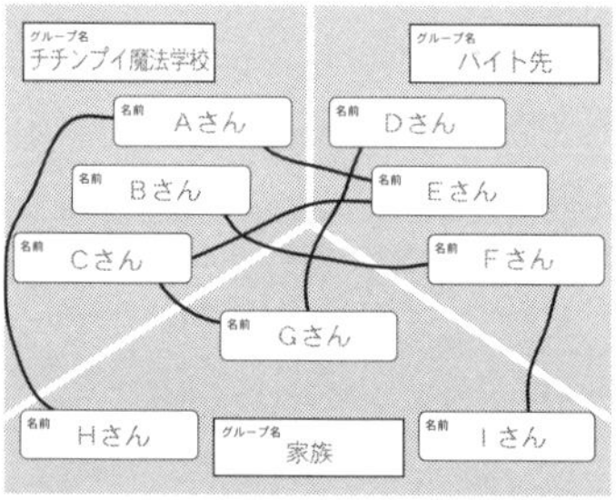

ヒント あなたが所属しているグループ３つと、それぞれに属する３人の名前を書き出し、引き合わせたい人同士を線で結ぼう。

「あの人は誰に紹介したら喜ぶかな〜？」

あなたの大切な友だち同士を引き合わせましょう！
出会いによって人の可能性はアップしていきます。
素敵な化学変化を起こして
とんでもない未来がやってくるかもしれません。
誰と誰を引き合わせるか？

趣味の合いそうな人同士、
感覚の似ている人同士、
お互いの求めているモノを持っている人同士…。
コーディネートにはあなたのセンスが問われます。

紹介する上でのルールとして、あなたの紹介した相手同士が、
あなたとの関係以上に親しくなっても、嫉妬しないこと。

さあ、あなたの大切な友だち、
人脈をみんなと仲良くシェアしていきましょう！

会わせたい人がいるんだ〜！

MAGIC 39

人間関係を復活させる魔法

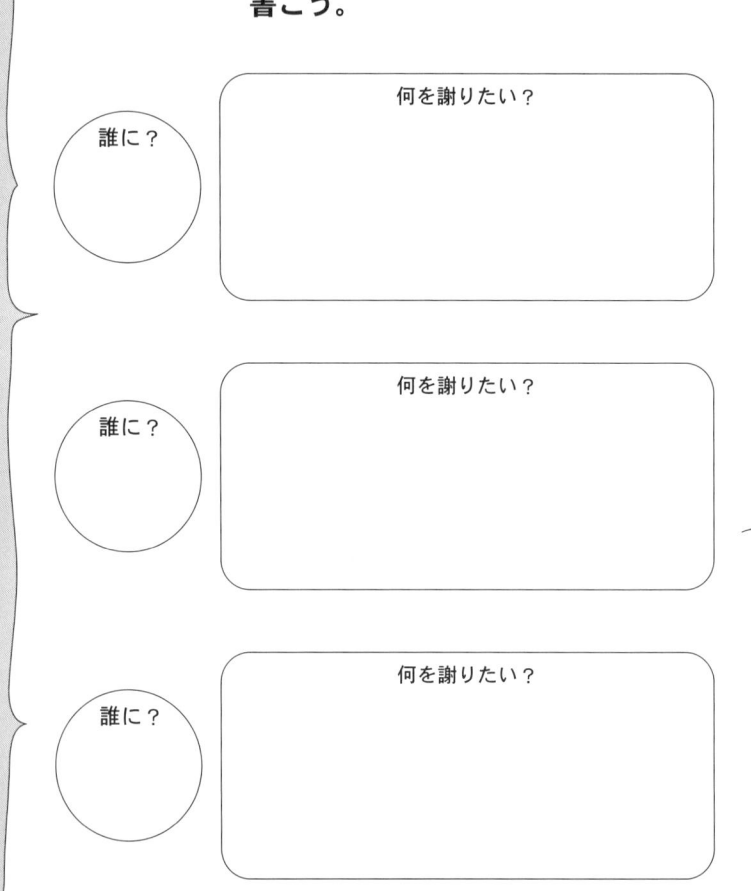

Q. 言い忘れていた「ごめんなさい」を書こう。

何を謝りたい？

誰に？

何を謝りたい？

誰に？

何を謝りたい？

誰に？

言い忘れていたごめんなさい。
思い出すと「ドキッ」っとしませんか？

あの時は「自分から謝らなくてもいい」と思っていた…。
「このまま時間が過ぎればいいや」と思っていた…。

でもあとになって考えると、何かがひっかかる。
あの時の出来事が、時間の経過の中で、小さな罪悪感に変化している。
心の中にそんな「ごめんなさい」は残っていませんか？

私たちはいつでも未完成です。
完璧ではない自分を優しく受け入れ、
非を認める勇気を持ちましょう。

「あの時はごめんなさい」

それを伝えた瞬間から、
心の違和感が溶け、それが生きるエネルギーに変わるんです。

ココロの洗濯…

MAGIC 40

恩返しの魔法

Q. 両親にお礼の手紙を書こう。

Dear

From

左ページの手紙…書けましたか？

照れて一行も書けない人もいると思います。
あまりにも書くことに困ったら、
両親との思い出を書いていただいても構いません。
それも照れくさい人は別に白紙のままでもけっこうです。

そのかわり、せっかくの機会だから、
あなたの両親について一度じっくり考えてみませんか？

どんな方ですか？
どんな影響を受けてきましたか？
何を叱ってくれましたか？
何を褒めてくれましたか？
似ているところはないですか？
違うところはどこでしょう？
あなたのことを
どう思っているのでしょうか？
どこが嫌いですか？
どこが好きですか？
それはなぜですか？

何か“今”伝えるべきことがあるのではないでしょうか？
何かするべきことがあるのではないでしょうか？

恩返しは今！

課外授業

うんと熱中せよ。　熱中は熱中を生む。

～ラッセル・H・コンウェル

MAGIC 41

記憶の魔法

Q.「あの頃のあなた」の思い出を書こう。

ヒント

自伝を書くつもりで、
あなたの半生を簡単に振り返ってみよう。

「昔の自分」って面白い。
今だったら考えられないようなことで、
はしゃいだり、笑ったり、悩んだり…。
「今の自分」のルーツでありながら、
同じ人間とは思えないようなこともしている。
しかし、ひとつひとつの思い出が「今の僕」を創ってくれている。

僕も書いてみました。

小学生の頃の僕は、ド田舎のやんちゃ坊主。
山であけびを取ったり、海で魚を釣ったりと自然児丸出し。
学校は家から歩いて40分ほど離れていた。
「毎日、歩いていけば足が速くなるのよ」
と母親に言われ、プロ野球選手を目指していた幼少時代。

小六のとき、町内大会の100m走で三位入賞！
それをキッカケに中学時代は陸上部へ。
そして小学生のときには全然勉強をしなかった僕が勉強を始め、周りを驚かす。
中二のときには野球部と陸上部をかけ持ち。
中三では110Mハードルで全国大会出場。

15才にして親元を離れ、下宿生として高校生活をスタート。
陸上競技、 バンド活動、進学のための勉強…。
毎日毎日、充実した時間を過ごした。
高三のときにはインターハイ、国体にも出場。
高校生ランキング10位と奮闘！
その後、広島大学教育学部へと進学…。

もし今あの頃の僕に会えたら、何を伝えてあげようかな？

あの頃の自分に感謝！

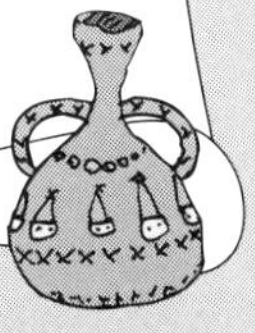

MAGIC 42

カメラの魔法

Q. 写真を撮って、貼り付けよう。

ヒント

あなたにとって身近なモノ、
ありふれた風景を写真に収めてみよう。

カメラを持って街に出る。
心が勝手に、目に映る様々な物をフレーミングし始める。
レンズを透してみると世界はガランと変わる。
自分の撮った写真に見惚れたりする。

LOMOも面白い。
LOMOで撮った写真の仕上がりは普通のものよりも色が濃くなる。
それを予想した僕の思考は、
サングラスをかけたみたいに風景を画像処理する。

もちろんポケットカメラや、使い捨てカメラでもＯＫ!
カメラを持っているだけで、風景に不思議が吹き込まれる。

テーマを決めて撮るとまた違った面白さがある。
すっかりその世界に没頭させてくれる。

カメラを持って街に出よう！

★LOMO…ロシア生まれのコンパクトカメラ

なにげない風景から 物語がうまれてくる

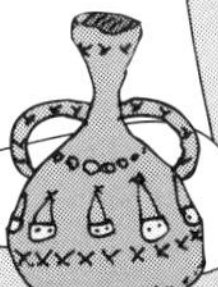

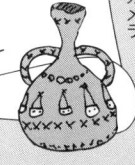

MAGIC 43

本の魔法

Q. あなたに影響を与えた本のタイトル×10

この本は電車で読みたい。
この本はベッドの中で読みたい。
この本はお気に入りのカフェで読みたい。

持てるだけの本を旅行カバンに詰め込んで南の島へ…。
すべて読み終わったら帰ってくる。
やってみたい夢のひとつです。

僕はたくさんの本から影響を受けてきました。

片岡義男さんの世界に憧れ一人で車を走らせた大学時代。
R.バックの『イリュージョン』をいつもカバンに入れて歩いていたあの頃。
司馬遼太郎さんの『竜馬が行く』に興奮し、眠れなかった夜。
『バシャール』の不思議な世界。
道に迷っていた僕に光を与えてくれたD.カーネギーの言葉。
フランス旅行中に読んだ「聖なる予言」。
星野道夫さん、森永博志さん、田口ランディさん…。
書き出したら止まらない！
タイトルを眺めているだけでも、読んだ当時のことが思い出されます。
本を読む時間って、すごい贅沢。

あなたのベスト10冊は何ですか？
時間も忘れ、
没頭できる本と出会いたい。

人生を変えてくれる本がある

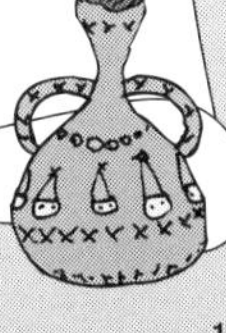

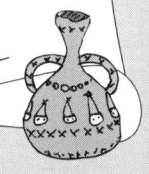

MAGIC 44

映画の魔法

Q. あなたに影響を与えた映画のタイトル×10

僕が生まれて初めて一人で観に行った映画は、
スピルバーグ監督の『ジョーズ』。
スピルバーグが27才のときの作品だ。
当時10才だった僕は、ドキドキしながら
映画の世界に吸い込まれていった。
そしてふと我に返ると、「ひとりで映画館にきた自分」が
妙に誇らしくて鼻が膨んだ。
そのことは今でも鮮烈に覚えている。

もし無人島に一本だけビデオを持っていくとしたら、
どれにしようかな？

リドリー・スコットの『ブレードランナー』、
リュック・ベッソンの『グラン・ブルー』、
アンドリュー・ニコルの『ガタカ』…。

『ガタカ』は音楽も最高。
マイケル・ナイマンの曲を部屋で聞いていると、
意識が遠くへ行ってしまうような気がする。
アルフォンソ・クアロンの『大いなる遺産』や
ジュリアン・シュナベールの『バスキア』もいいなあ。
観終わったあと、無性に絵が描きたくなるんだ。

う〜ん迷う！

あなたはどんな映画が好きですか？

映画館を出たあとの
音の聞こえ方が好き！

MAGIC 45

音楽の魔法

Q. あなたに影響を与えた曲のタイトル×10

♪

♪

♪

♪

♪

♪

♪

♪

♪

♪

あの場所、あの匂い、あの気持ち…。
音楽には色んな思い出が刷り込まれている。
思い出はいつも音楽と共にある。

25才のとき、車で日本全国を旅した思い出はTRACY CHAPMAN。
ニューヨークで個展を開いたときの感動は"How Deep Is Your Love"。
スノーボードはSarah Mclachlan。
バリ島の月が放つ神秘性はMAXWELL。

そして僕は行く先、天気、時間に合わせてCDを選ぶ。

夏の海へ向かうときはSEAL。
雨の大阪を走るときは映画『ブレードランナー』のサントラ。
夜の高速道路を流すときはSADE。

風景が音楽に溶ける瞬間が好きだ。

あなたの好きな曲はなんですか？
CDラックを整理しながら、
過去から現在まで、一度すべて書き出してみてください。
もうすっかり忘れていた曲にも、
忘れられない思い出が詰まっているかもしれません。

音の魔法に酔いしれる

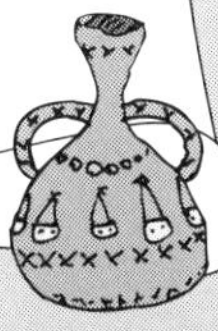

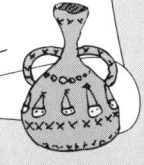

MAGIC 46

パワースポットの魔法

Q. あなたにとって特別な場所を書こう。

01.
02.
03.
04.
05.

ヒント

心が落ち着く場所、
想像力を刺激する場所
集中力が高まる場所
テンションが上がる場所などなど…。

あなたのお気に入りの空間、パワースポット。
そこは訪れるだけでクリエイティブな気持ちになれる場所。
そこはただ居るだけで心が落ち着く場所。
自分を蘇生できる場所。

僕のパワースポットのひとつは、生まれ育った志摩の海。
シーカヤックで漕ぎ出すと、トロ～ンと時間が止まり、
瞑想の世界へと僕を連れていってくれる。

それから高松にあるイサム・ノグチ庭園美術館。
ここを訪れるといつも背筋がシャンとする。
他の美術館にはない独特の空気が、
僕の全身に心地よい緊張感をもたらしてくれる。

パワースポットは他にも数えきれないほど存在する。
直島のベネッセハウス、鹿児島の雅叙園《がじょえん》、
湯布院の無量塔《むらた》、伊豆山の蓬莱《ほうらい》、
尾道《おのみち》水道をのぞむ文学の道、銭函《ぜにばこ》のユーラシア…。

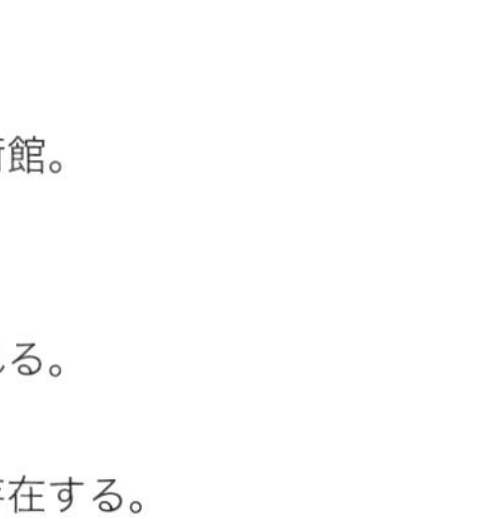

実際に書き出していくと、
それぞれ用途が違うことがわかります。
自分の心と対面できる場所、
大切な何かを思い出させてくれる場所、
日々の疲れを癒してくれる場所、
新しい発想が生まれる場所…。

あなたが求めるものに合わせて、パワースポットも使い分けてください。

心にいい場所があるよね！

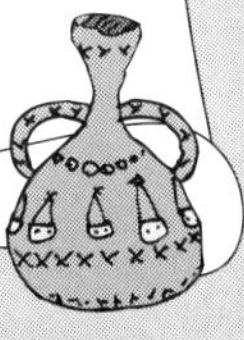

MAGIC 47

旅の魔法

Q. 行きたい国、訪れたい土地を書こう。

どこに行きたい？	そこで何をしたい？

旅はいいよね。
毎日の「日常」から解き放たれ、「非日常」の世界へ。
その「非日常」の旅先で数日間過ごすと、
もう「新しい日常」が生まれ始める。

そして、旅の間ずっと繰り返される自分との対話。
自分自身を再構築させるための時間…。

ソゾロ神が騒ぎ始めたら旅に出よう！

どこへ行っても人の営みがある。
だから「幸せ」について考える。
文化や風習の違いがある。
だから「生き方」について考える。

どこへ行っても少しずつ影響を受けた。
少し受ける影響が、大きな収穫。

さあ旅に出よう。
自分とじっくり語り合うために。

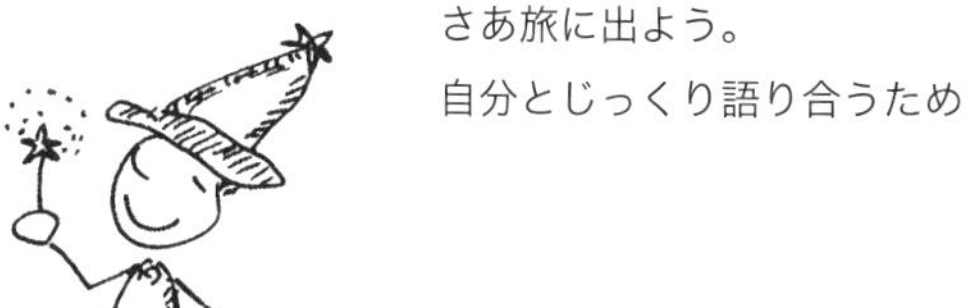

一度しかない人生だから…

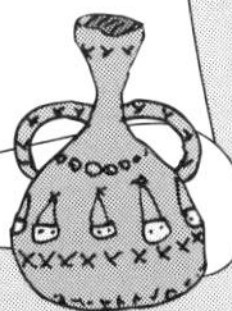

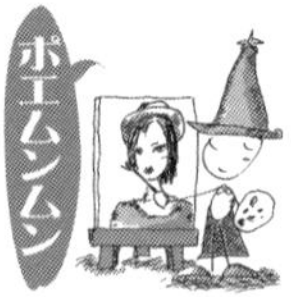

MAGIC 48

ポエムの魔法

Q. あなたの未来にポエムを贈ろう。

詩を書いてみましょう。
贈る相手は「未来のあなた」です。

「詩」と言われてもピンとこなかったら、
別に手紙でもメッセージでもかまいません。
表現方法はあまり気にせずに、
あなたのストレートな今の気持ちをぶつけてください。

そして出来上がったものは他の誰にも見せないでください。
人に見せることを意識すると、
あなたが本当に思っていることが
出てこないかもしれません。

あなたの人生の変革期に
あなたは詩人となるのです。

時代の変わり目には 詩人が現れる

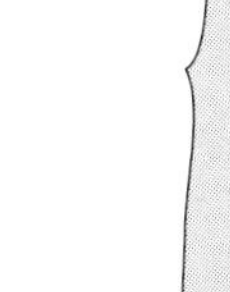

MAGIC 49

最大の魔法

Q. このドリルを終えてみて、あなたのココロの中で起きた変化を書こう。

最後の魔法はあなたが考えてみてください。
ここまでの48個の魔法を習得したあなたには、
新たな魔法を編み出せる力があります。
そしてその魔法は、あなたにとって最大の効力を発揮します。
それを発見することができたら、
あなたも立派な魔法使いの仲間入りです。

魔法の糸口を書いてみます…。

あなたにとって人生とは何ですか？
あなたが今、必要としているものは何ですか？
あなたとは、一体「誰」ですか？
あなたは今、何を感じていますか？

49番目の魔法の材料は、上の質問のどれかに含まれています。
この本を読み終えたあとに、じっくり考えてみてください。

すべてのドアに通ずる鍵を、あなたは心の中に持っています。
あなたは今いる場所に踏み止まることもできるし、
ドアを開けてどこかに踏み出すこともできます。
あなたは何者にもなれる、奇跡の力を持っているんです。

今、この瞬間、心から湧き上がっている衝動を、
まずはあなたが信頼してあげてください。

無限大の魔法は あなたが知っている！

おしまい。

・・・・・・・・・ヤマザキタクミの本

〜「自分のココロ」とのつき合い方が、上手になる本です〜

『めんまじ』

〜TAKとꟻAKのメンタルマネージメント

絵と文　山﨑拓巳

ISBN4-921132-60-7　　定価：本体1200円+税

【STORY】

この絵本に登場するのは、
「タック」と「ファック」という不思議な生き物。

「タック」は肩の力の抜けた自由人。
毎日をとことん楽しんでいるのに、仕事も人間関係もうまくいっています。

「ファック」は前向きな努力家。
歯を食いしばってがんばっているのに、何をやってもなかなかうまく結果を出せません。

一見コミカルなこの絵本の中には、
目の前に立ちはだかる壁を
いかに「ワクワク」乗り越えられるかを説く、
大切なメッセージが込められています。

山﨑拓巳オフィシャルサイト「taku's cafe」

http://www.taku.gr.jp/

人生はかなりピクニック

絵と文　山﨑拓巳

山﨑拓巳 デビュー作

夢を叶えたい人、
人生を豊かに過ごしたい人、
毎日を楽しく過ごしたい人・・・
そんなあなたに贈る、
今すぐ使える49の簡単なヒント。

～最初は「人生はピクニックのようなものだ！」と思っていました。しかし今は、「それどころではない！人生はかなりピクニックだ！」と思っています。『人生はピクニック』を書いたことで、何気なく僕の中にあった成功法則のようなものを僕自身がしっかりしたものにできたからです。～
（著者あとがきより）

定価：本体1200円+税　ISBN4-921132-13-5

しゃらしゃらDays

山﨑拓巳 プロデュース

～君は、どんな音をたてながら過ごしてる？～

絵と文　松本えつ魚《を》

「生きる」ということの擬態語「しゃらしゃら」をテーマに描き下ろされた1冊。読むと肩の力がすうっと抜ける「脱力絵本」の第1弾。子どもではなく、大人のあなたにぜひ読んで欲しい“HAPPYバイブル”です。

～成功や目標達成は決してミステリアスなものではなく、ある法則にしたがってしっかりと具体的に行動すると必ず手にできるものです。『しゃらしゃらDays』には成功や目標達成のための要素がきっちりと含まれています。これを読んだ方々は「しゃらしゃらビーム」を体中に喰らったのでは…と思います。（ドキドキし始めたら効き目ありですよ～！）あなたの中の「当たり前」を「しゃらしゃら」に変えてみてください。～
（解説・プロデュース　山﨑拓巳）

定価：本体1200円+税　ISBN4-921132-14-3

日刊ちこら

松本えつ魚オフィシャルサイト「日刊ちこら」（PC、携帯両用）

http://www.etsuwo.com

Dear Girl（ディアガール）

監修　SANCTUARY BOOKS／写真　野村大志

「野村大志の写真」＆「サンクチュアリ出版のスピリッツ」＆「かっこよく生きている34人の有名人の言葉」＝「あなたの勇気の元」
なりたい私になるために。夢を叶えるために。大切な未来のために。

定価：本体980円＋税　ISBN4-921132-19-4

ぼさぼさ　絵と文　松本えつ魚《を》

〜咲けない日は、咲かないでください〜
「大切な人を笑顔にすることができる」それはあなたが優秀であったり成功者であったりすることよりもはるかに尊いもの。人が「本当にかっこよく生きるため」にもっとも必要なものは何かを教えてくれる、ちょっぴり切ない物語。

定価：本体1200円＋税　ISBN4-921132-17-8

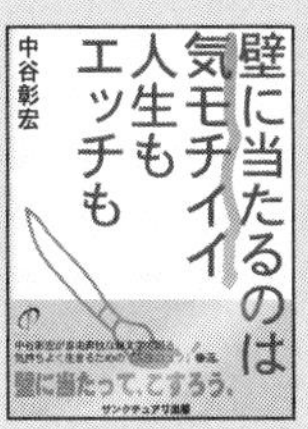

壁に当たるのは気モチイイ 人生もエッチも

著　中谷彰宏

ベストセラー作家「中谷彰宏」が自由奔放な筆文字で綴る、気持ちよく生きるための人生のコツ39選。心に響く言葉に、ちょっぴりエッチなエッセンスを盛り込んだ傑作集。

定価：本体1200円＋税　ISBN4-921132-13-5

オープン ワールド

著　船井幸雄　**山﨑拓巳 イラストレーション**

〜自分らしく生きるための「27+1」の法則〜
コンサルタント界の重鎮・船井幸雄と、アーティスト界の気鋭・山﨑拓巳との超絶コラボレーションがついに実現！

定価：本体1200円＋税　ISBN4-921132-34-8

【参考文献】
『シンクロニシティ～「奇跡の偶然」による気づきと自己発見への旅』
著　フランク・ジョセフ　　（ＫＫベストセラーズ）

【装幀】
井上新八

【デザイン】
松本えつ魚

【落款】
高橋愛子

魔法のドリル

2003年4月９日　初版発行
2007年6月25日　第6刷発行

著者　　山﨑拓巳

イラスト　山﨑拓巳
発行者　鶴巻謙介
発行／発売　株式会社サンクチュアリ・パブリッシング
（サンクチュアリ出版）
東京都新宿区荒木町13-9 サンワールド四谷ビル
〒160-0007
TEL 03-5369-2535 ／ FAX 03-5369-2536
URL http://www.sanctuarybooks.jp/
（i-mode自動判別）
E-mail info@sanctuarybooks.jp

印刷／製本　中央精版印刷株式会社

PRINTED IN JAPAN
定価およびISBNコードはカバーに記載してあります。
落丁本・乱丁本は送料小社負担にてお取替えいたします。